100%
LOISIRS

Editions Lito

illustrations de riad sattouf

100% monsieur et madame...

ÉDITO... RAIS PAS UNE FILLE OU UN FILS ?

plus de 200 Monsieur et madame pour rigoler seul ou entre copains !

Pour t'amuser encore plus, cherche dans la liste des prénoms utilisés **(page 89)**, ceux de tes copains et de tes copines, pour leur faire un Monsieur et madame très personnel !

MONSIEUR ET MADAME... ...ONT UNE FILLE !

1 Monsieur et Madame **Aibussavabien** ont une fille.
Comment s'appelle-t-elle ?

2 Monsieur et Madame **Aimeumeusuive** ont une fille.
Comment s'appelle-t-elle ?

3 Monsieur et Madame **Ajaiclate** ont une fille.
Comment s'appelle-t-elle ?

4 Monsieur et Madame **Amesse** ont une fille.
Comment s'appelle-t-elle ?

5 Monsieur et Madame **Avaidanlpotofeu** ont une fille.
Comment s'appelle-t-elle ?

6 **Monsieur et Madame Avoile ont une fille.
Comment s'appelle-t-elle ?**

SOLUTIONS

DE LA PAGE 9

1. **Aude Aibussavabien,**
parce que Au début ça va bien.

2. **Kim Aimeumeusuive,**
parce que Qui m'aime me suive.

3. **Laure Ajaiclate,**
parce que
L'orage éclate.

4. **Chantal Amesse,**
parce que Chante à la messe.

5. **Mélaine Avaidanlpotofeu,**
parce que Mets les navets
dans le pot-au-feu.

6. **Blanche Avoile,**
parce que Planche à voile.

1 Monsieur et Madame **Avuleur** ont une fille.
Comment s'appelle-t-elle ?

2 Monsieur et Madame **Cléssoulaporte** ont une fille.
Comment s'appelle-t-elle ?

3 Monsieur et Madame **Cheduchiendehor** ont une fille.
Comment s'appelle-t-elle ?

4 Monsieur et Madame **Daidussiècle** ont une fille.
Comment s'appelle-t-elle ?

5 Monsieur et Madame **Danleuille** ont une fille.
Comment s'appelle-t-elle ?

6 **Monsieur et Madame Detaite**
ont une fille.
Comment s'appelle-t-elle ?

SOLUTIONS

DE LA PAGE 11

1. **Édith Avuleur,**
   parce que Eh, dis, t'as vu l'heure ?

2. **Djamila Cléssoulaporte,**
   parce que J'ai mis la clé sous la porte.

3. **Mélanie Cheduchiendehor,**
   parce que Mets la niche
   du chien dehors.

4. **Julie Daidussiècle,**
   parce que J'eus l'idée du siècle.

5. **Cécile Danleuille,**
   parce que Ses cils dans l'œil.

6. **Maud Detaite,**
   parce que Maux de tête.

1. Monsieur et Madame **Dipachair** ont une fille. Comment s'appelle-t-elle ?

2. Monsieur et Madame **Dantaizieu** ont une fille. Comment s'appelle-t-elle ?

3. Monsieur et Madame **Dutrain-Pourdirorvoir** ont une fille. Comment s'appelle-t-elle ?

4. Monsieur et Madame **Faimal** ont une fille. Comment s'appelle-t-elle ?

5. **Monsieur et Madame Fonfec ont une fille. Comment s'appelle-t-elle ?**

6. Monsieur et Madame **Fraichi** ont une fille. Comment s'appelle-t-elle ?

SOLUTIONS DE LA PAGE 13

1. **Déborah Dipachair,**
   parce que Des beaux radis pas chers.

2. **Julie Dantaizieu,**
   parce que Je lis dans tes yeux.

3. **Alphonsine Dutrain-Pourdirorvoir,**
   parce que Elles font signe du train pour dire au revoir.

4. **Aïcha Faimal,**
   parce que Aïe, ça fait mal.

5. **Sophie Fonfec,**
   parce que Saucisson sec. (Avec le cheveu sur la langue)

6. **Sarah Fraichi,**
   parce que Ça rafraîchit.

1. Monsieur et Madame **Got** ont une fille.
Comment s'appelle-t-elle ?

2. **Monsieur et Madame Haiduboi ont une fille.**
Comment s'appelle-t-elle ?

3. Monsieur et Madame **Hiléossud** ont une fille.
Comment s'appelle-t-elle ?

4. Monsieur et Madame **Hitonlaibétize** ont une fille.
Comment s'appelle-t-elle ?

5. Monsieur et Madame **Jemanrume** ont une fille.
Comment s'appelle-t-elle ?

6. Monsieur et Madame **Lai** ont une fille.
Comment s'appelle-t-elle ?

SOLUTIONS

DE LA PAGE 15

1. **Pélagie Got,**
   parce que Pelle à gigot.

2. **Jessie Haiduboi,**
   parce que J'ai scié du bois.

3. **Éléonore Hiléossud,**
   parce que Elle est au Nord, il est au Sud.

4. **Ève Hitonlaibétize,**
   parce que Évitons les bêtises.

5. **Sandra Jemanrume,**
   parce que Sans drap, je m'enrhume.

6. **Marion Lai,**
   parce que Marions-les.

1 Monsieur et Madame **Leumental** ont une fille.
Comment s'appelle-t-elle ?

2 **Monsieur et Madame Lo ont une fille.**
Comment s'appelle-t-elle ?

3 Monsieur et Madame **Malozo** ont une fille.
Comment s'appelle-t-elle ?

4 Monsieur et Madame **Manberdanslfrigo** ont une fille.
Comment s'appelle-t-elle ?

5 Monsieur et Madame **Honnete** ont une fille.
Comment s'appelle-t-elle ?

6 Monsieur et Madame **Manzisuipourrien** ont une fille.
Comment s'appelle-t-elle ?

SOLUTIONS DE LA PAGE 17

1 **Debbie Leumental,**
parce que Débile mental.

2 **Samantha Lo,**
parce que Sa menthe à l'eau.

3 **Mélanie Malozo,**
parce que Mets l'animal au zoo.

4 **Jessica Manberdanslfrigo,**
parce que J'ai 6 camemberts dans le frigo.

5 **Marie Honnete,**
parce que Marionnette.

6 **France Manzisuipourrien,**
parce que Franchement, j'y suis pour rien.

1 Monsieur et Madame **Maplace** ont une fille.
Comment s'appelle-t-elle ?

2 **Monsieur et Madame Golaitraifor ont une fille.**
Comment s'appelle-t-elle ?

3 Monsieur et Madame **Heuriendir** ont une fille.
Comment s'appelle-t-elle ?

4 Monsieur et Madame **Mateurdradio** ont une fille.
Comment s'appelle-t-elle ?

5 Monsieur et Madame **Membaitepas** ont une fille.
Comment s'appelle-t-elle ?

6 Monsieur et Madame **Mieuxavecseslunete**
ont une fille. Comment s'appelle-t-elle ?

SOLUTIONS DE LA PAGE 19

1. **Aziza Maplace,**
   parce que Assise à ma place.

2. **Hilary Golaitraifor,**
   parce que Il a rigolé très fort.

3. **Ève Heuriendir,**
   parce que Elle veut rien dire.

4. **Annie Mateurdradio,**
   parce que Animateur de radio.

5. **Anne Membaitepas,**
   parce que Ah, ne m'embête pas.

6. **Elvira Mieuxavecseslunete,**
   parce que Elle verra mieux
   avec ses lunettes.

1. Monsieur et Madame **Moitrankil** ont une fille.
Comment s'appelle-t-elle ?

2. Monsieur et Madame **Monde** ont une fille.
Comment s'appelle-t-elle ?

3. **Monsieur et Madame Oduvillage ont une fille.
Comment s'appelle-t-elle ?**

4. Monsieur et Madame **Oilézoreilles** ont une fille.
Comment s'appelle-t-elle ?

5. Monsieur et Madame **Onciterne** ont une fille.
Comment s'appelle-t-elle ?

6. Monsieur et Madame **Ourtehalafoisafaimalokeur** ont une fille. Comment s'appelle-t-elle ?

SOLUTIONS DE LA PAGE 21

1 **Alice Moitrankil,**
parce que Ah, laisse-moi tranquille.

2 **Betty Monde,**
parce que Bête immonde.

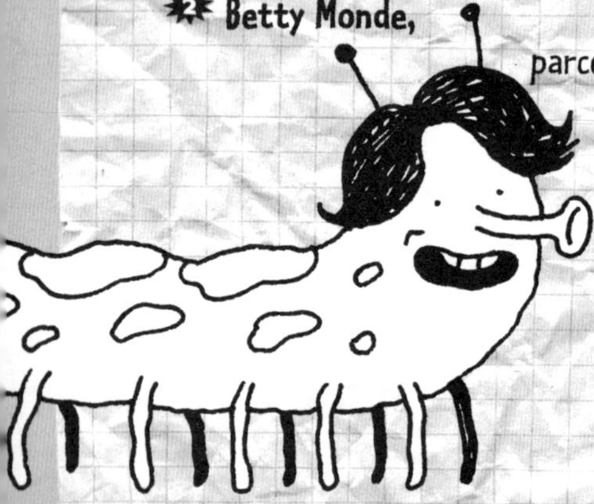

3 **Lydie Oduvillage,**
parce que L'idiot du village.

4 **Ginette Oilézoreilles,**
parce que J'y nettoie les oreilles.

5 **Camille Onciterne,**
parce que Camion citerne.

6 **Katia Ourtehalafoisafaimalokeur,**
parce que 4 yaourts à la fois
ça fait mal au cœur.

1. Monsieur et Madame **Hoquet** ont une fille.
Comment s'appelle-t-elle ?

2. Monsieur et Madame **Pafromage** ont une fille.
Comment s'appelle-t-elle ?

3. Monsieur et Madame **Payer** ont une fille.
Comment s'appelle-t-elle ?

4. Monsieur et Madame **Paitairéussie** ont une fille.
Comment s'appelle-t-elle ?

5. Monsieur et Madame **Ponssabdetoi** ont une fille.
Comment s'appelle-t-elle ?

6. **Monsieur et Madame Potelené ont une fille.
Comment s'appelle-t-elle ?**

SOLUTI

DE LA PAGE 23

1. **Clara Hoquet,**
   parce que Karaoké.

2. **Sarah Pafromage,**
   parce que Sa râpe à fromage.

3. **Amanda Payer,**
   parce que Amende à payer.

4. **Magali Paitairéussie,**
   parce que Ma galipette est réussie.

5. **Thérèse Ponssabdetoi,**
   parce que T'es responsable de toi.

6. **Astrid Potelené,**
   parce que Elle se tripote le nez.

1. Monsieur et Madame **Reurheu-sailgouter** ont une fille. Comment s'appelle-t-elle ?

2. Monsieur et Madame **Rivenbusse** ont une fille. Comment s'appelle-t-elle ?

3. Monsieur et Madame **Sizandandezour** ont une fille. Comment s'appelle-t-elle ?

4. Monsieur et Madame **Smoalplancher** ont une fille. Comment s'appelle-t-elle ?

5. Monsieur et Madame **Stoir** ont une fille. Comment s'appelle-t-elle ?

6. **Monsieur et Madame Taraikassé ont une fille. Comment s'appelle-t-elle ?**

SOLUTIONS DE LA PAGE 25

1 **Agathe Reurheu-sailgouter,**
parce que À 4 heures, c'est le goûter.

2 **Elsa Rivenbusse,**
parce que Elles arrivent en bus.

3 **Zorra Sizandandezour,**
parce que J'aura 6 ans dans 2 jours.
(En zozotant. On dit : J'aurai...)

4 **Déborah Smoalplancher,**
parce que Débarasse-moi le plancher.

5 **Sally Stoir,**
parce que Sale histoire.

6 **Maggie Taraikassé,**
parce que Ma guitare est cassée.

1. Monsieur et Madame **Tartinecematin** ont une fille. Comment s'appelle-t-elle ?

2. Monsieur et Madame **Tatouille** ont une fille. Comment s'appelle-t-elle ?

3. Monsieur et Madame **Tétard** ont une fille. Comment s'appelle-t-elle ?

4. Monsieur et Madame **Toirdrole** ont une fille. Comment s'appelle-t-elle ?

5. Monsieur et Madame **Traibien** ont une fille. Comment s'appelle-t-elle ?

6. **Monsieur et Madame Ultasontnul ont une fille. Comment s'appelle-t-elle ?**

SOLUTIONS

DE LA PAGE 27

1 Kimberley Tartinecematin,

parce que Qui me beurre les tartines ce matin ?

2 Lara Tatouille,

parce que La ratatouille.

3 Thérèse Tétard,

parce que T'es resté tard ?

4 Alice Toirdrole,

parce que Ah, l'histoire drôle.

5 Samira Traibien,

parce que Ça m'ira très bien.

6 Thérèse Ultasontnul,

parce que Tes résultats sont nuls.

1 **Monsieur et Madame Vaistairstalone ont une fille. Comment s'appelle-t-elle ?**

2 Monsieur et Madame **Vanretard** ont une fille. Comment s'appelle-t-elle ?

3 Monsieur et Madame **Zavèk-Tétongue** ont une fille. Comment s'appelle-t-elle ?

4 Monsieur et Madame **Zoudanlkou** ont une fille. Comment s'appelle-t-elle ?

SOLUTIONS

DE LA PAGE 29

1. **Cécile Vaistairstalone,**
   parce que C'est Sylvester Stallone.

2. **Hilary Vanretard,**
   parce que Il arrive en retard.

3. **Athéna Zavèk-Tétongue,**
   parce que Ah, t'es naze avec tes tongs.

4. **Debbie Zoudanlkou,**
   parce que Des bisous dans le cou.

MONSIEUR ET MADAME...

...ONT UN FILS !

1. Monsieur et Madame **Agass** ont un fils.
Comment s'appelle-t-il ?

2. Monsieur et Madame **Aijairie** ont un fils.
Comment s'appelle-t-il ?

3. Monsieur et Madame **Ainerve** ont un fils.
Comment s'appelle-t-il ?

4. Monsieur et Madame **Airvitmonslip** ont un fils.
Comment s'appelle-t-il ?

5. **Monsieur et Madame Aitrocho ont un fils.
Comment s'appelle-t-il ?**

6. Monsieur et Madame **Aizieu** ont un fils.
Comment s'appelle-t-il ?

SOLUTIONS DE LA PAGE 33

1. **Sam Agass,**
   parce que Ça m'agace.

2. **Tom Aijairie,**
   parce que Tom et Jerry.

3. **Hakim Ainerve,**
   parce que Ah, qu'il m'énerve.

4. **Jean-Philippe Airvitmonslip,**
   parce que J'enfile hyper vite mon slip.

5. **Yves Aitrocho,**
   parce que Il fait trop chaud.

6. **James Aizieu,**
   parce que J'aime ses yeux.

1. Monsieur et Madame **Ajerre** ont un fils.
Comment s'appelle-t-il ?

2. Monsieur et Madame **Akpourlui** ont un fils.
Comment s'appelle-t-il ?

3. Monsieur et Madame **Anepa-kanjteparle** ont un fils.
Comment s'appelle-t-il ?

4. **Monsieur et Madame Antirdaipier ont un fils.
Comment s'appelle-t-il ?**

5. Monsieur et Madame **Asstou** ont un fils.
Comment s'appelle-t-il ?

6. Monsieur et Madame **Atéfesses** ont un fils.
Comment s'appelle-t-il ?

SOLUTIONS

DE LA PAGE 35

1. **Tex Ajerre,**
parce que T'exagères.

2. **Yann Akpourlui,**
parce que Y'en a que pour lui.

3. **Éric Anepa-kanjteparle,**
parce que Eh, ricane pas quand je te parle.

4. **James Antirdaipier,**
parce que J'aime sentir des pieds.

5. **Jeff Asstou,**
parce que J'efface tout.

6. **Edgar Atéfesses,**
parce que Eh, gare à tes fesses.

1 Monsieur et Madame **Ateur** ont un fils.
Comment s'appelle-t-il ?

2 Monsieur et Madame **Atrovite** ont un fils.
Comment s'appelle-t-il ?

3 Monsieur et Madame **Auboisdormant** ont un fils.
Comment s'appelle-t-il ?

4 Monsieur et Madame **Basketsonhou** ont un fils.
Comment s'appelle-t-il ?

5 **Monsieur et Madame Béalarenverse ont un fils.
Comment s'appelle-t-il ?**

6 Monsieur et Madame **Bienhunesieste** ont un fils.
Comment s'appelle-t-il ?

SOLUTIONS

DE LA PAGE 37

1 **Nordine Ateur,**
parce que Ordinateur.

2 **Yves Atrovite,**
parce que Il va trop vite.

3 **Abel Auboisdormant,**
parce que La Belle au bois dormant.

4 **Aimé Basketsonhou,**
parce que Eh, mes baskets sont où ?

5 **Tom Béalarenverse,**
parce que Tomber à la renverse.

6 **Geoffrey Bienhunesieste,**
parce que Je ferais bien une sieste.

1 Monsieur et Madame **Binelakassaite** ont un fils.
Comment s'appelle-t-il ?

2 Monsieur et Madame **Blaireur** ont un fils.
Comment s'appelle-t-il ?

3 Monsieur et Madame **Bornavailossaidur** ont un fils.
Comment s'appelle-t-il ?

4 Monsieur et Madame **Cinémacesoir** ont un fils.
Comment s'appelle-t-il ?

5 Monsieur et Madame **Courant** ont un fils.
Comment s'appelle-t-il ?

6 **Monsieur et Madame Daibute ont un fils.**
Comment s'appelle-t-il ?

SOLUTIONS DE LA PAGE 39

1 Rambo Binelakassaite,
parce que Rembobine la cassette.

2 Terry Blaireur,
parce que Terrible erreur.

3 Émile Bornavailossaidur,
parce que Eh, mille bornes à vélo, c'est dur.

4 Alonzo Cinémacesoir,
parce que Allons au cinéma ce soir.

5 Théo Courant,
parce que T'es au courant ?

6 Jean-Marc Daibute,
parce que J'en marque des buts.

1. Monsieur et Madame **Bienuncassecroute** ont un fils.
Comment s'appelle-t-il ?

2. **Monsieur et Madame Dechocolat ont un fils.**
Comment s'appelle-t-il ?

3. Monsieur et Madame **Dedegrosmous** ont un fils.
Comment s'appelle-t-il ?

4. Monsieur et Madame **Dehaibone** ont un fils.
Comment s'appelle-t-il ?

5. Monsieur et Madame **Desfrites** ont un fils.
Comment s'appelle-t-il ?

6. Monsieur et Madame **Deujour** ont un fils.
Comment s'appelle-t-il ?

SOLUTIONS DE LA PAGE 41

1. **Humphrey Bienuncassecroute,**
   parce que Je me ferais bien un casse-croûte.

2. **Matthias Dechocolat,**
   parce que Ma tasse de chocolat.

3. **Alban Dedegrosmous,**
   parce que Ah, bande de gros mous !

4. **Aladin Dehaibone,**
   parce que Ah ! la dinde est bonne.

5. **Yvan Desfrites,**
   parce que Il vend des frites.

6. **Adam Deujour,**
   parce que À dans deux jours.

1. Monsieur et Madame **Didonk** ont un fils. Comment s'appelle-t-il ?

2. Monsieur et Madame **Dimanchelesdevoirs** ont un fils. Comment s'appelle-t-il ?

3. Monsieur et Madame **Dissoir** ont un fils. Comment s'appelle-t-il ?

4. Monsieur et Madame **Donktoilaba** ont un fils. Comment s'appelle-t-il ?

5. Monsieur et Madame **Dondecourse** ont un fils. Comment s'appelle-t-il ?

6. **Monsieur et Madame Doua ont un fils. Comment s'appelle-t-il ?**

SOLUTIONS DE LA PAGE 43

1 **Robin Didonk,**
parce que Oh, ben dis donc.

2 **Jamel Dimanchelesdevoirs,**
parce que Jamais le dimanche les devoirs.

3 **Alain Dissoir,**
parce que À lundi soir.

4 **Eddy Donktoilaba,**
parce que Eh, dis donc toi là-bas.

5 **Guy Dondecourse,**
parce que Guidon de course.

6 **Mehdi Doua,**
parce que Mes dix doigts.

1 Monsieur et Madame **Douitchejaifin** ont un fils.
Comment s'appelle-t-il ?

2 **Monsieur et Madame Duketchupdanméfrite ont un fils. Comment s'appelle-t-il ?**

3 Monsieur et Madame **Dussméfié** ont un fils.
Comment s'appelle-t-il ?

4 Monsieur et Madame **Enjeleslavetoulesjours** ont un fils. Comment s'appelle-t-il ?

5 Monsieur et Madame **Enkorbouché** ont un fils.
Comment s'appelle-t-il ?

6 Monsieur et Madame **Essieu** ont un fils.
Comment s'appelle-t-il ?

SOLUTIONS DE LA PAGE 45

1. **Vincent Douitchejaifin,**
parce que 20 sandwichs, j'ai faim !

2. **Jérémy Duketchupdanméfrite,**
parce que J'ai remis du Ketchup dans mes frites.

3. **Honoré Dussméfié,**
parce que On aurait dû se méfier.

4. **Mohamed Enjeleslavetoulesjours,**
parce que Moi, mes dents je les lave tous les jours.

5. **Olivier Enkorbouché,**
parce que Oh, l'évier encore bouché.

6. **Anselme Essieu,**
parce que En selle Messieurs !

1 **Monsieur et Madame Urdoreille ont un fils. Comment s'appelle-t-il ?**

2 Monsieur et Madame **Aitaisur** ont un fils. Comment s'appelle-t-il ?

3 Monsieur et Madame **Fissile** ont un fils. Comment s'appelle-t-il ?

4 Monsieur et Madame **Frigoskeutapri** ont un fils. Comment s'appelle-t-il ?

5 Monsieur et Madame **Gokiri** ont un fils. Comment s'appelle-t-il ?

6 Monsieur et Madame **Golote** ont un fils. Comment s'appelle-t-il ?

SOLUTIONS DE LA PAGE 47

1. **Ted Urdoreille,**
   parce que T'es dur d'oreille.

2. **Jean Aitaisur,**
   parce que J'en étais sûr.

3. **Teddy Fissile,**
   parce que T'es difficile.

4. **Roméo Frigoskeutapri,**
   parce que Remets au frigo
   ce que tu as pris.

5. **Denis Gokiri,**
   parce que Deux nigauds qui rient.

6. **Terry Golote,**
   parce que T'es rigolote.

1 **Monsieur et Madame Heupaldir ont un fils. Comment s'appelle-t-il ?**

2 Monsieur et Madame **Heurindélébil** ont un fils. Comment s'appelle-t-il ?

3 Monsieur et Madame **Homme** ont un fils. Comment s'appelle-t-il ?

4 Monsieur et Madame **Hutedanslefond** ont un fils. Comment s'appelle-t-il ?

5 Monsieur et Madame **Inguetoi** ont un fils. Comment s'appelle-t-il ?

6 Monsieur et Madame **Jusqualaporte** ont un fils. Comment s'appelle-t-il ?

SOLUTIONS DE LA PAGE 49

1. **Yves Heupaldir,**
   parce que Il veut pas le dire.

2. **Marc Heurindélébil,**
   parce que Marqueur indélébile.

3. **Maxime Homme,**
   parce que Maximum.

4. **Sacha Hutedanslefond,**
   parce que Ça chahute dans le fond.

5. **Ted Inguetoi,**
   parce que T'es dingue, toi !

6. **Hercule Jusqualaporte,**
   parce que Elle recule jusqu'à la porte.

1 **Monsieur et Madame Golade ont un fils. Comment s'appelle-t-il ?**

2 Monsieur et Madame **Kafairattention** ont un fils. Comment s'appelle-t-il ?

3 Monsieur et Madame **Kainedétaichouete** ont un fils. Comment s'appelle-t-il ?

4 Monsieur et Madame **Keursaipatoitaperdu** ont un fils. Comment s'appelle-t-il ?

5 Monsieur et Madame **Kimkoncern** ont un fils. Comment s'appelle-t-il ?

6 Monsieur et Madame **Komilfaut** ont un fils. Comment s'appelle-t-il ?

SOLUTIONS DE LA PAGE 51

1. **Larry Golade,**
parce que La rigolade.

2. **Xavier Kafairattention,**
parce que Z'aviez qu'à faire attention.

3. **Louis Kainedétaichouete,**
parce que Le week-end était chouette.

4. **Sylvain Keursaipatoitaperdu,**
parce que S'il vainqueur c'est pas toi, t'as perdu.

5. **Hans Kimkoncern,**
parce que En ce qui me concerne.

6. **Béranger Komilfaut,**
parce que Bien rangé comme il faut.

1. Monsieur et Madame **Kroipa** ont un fils.
Comment s'appelle-t-il ?

2. Monsieur et Madame **Kuzbidon** ont un fils.
Comment s'appelle-t-il ?

3. **Monsieur et Madame Lairbonssa ont un fils.
Comment s'appelle-t-il ?**

4. Monsieur et Madame **Ltracteurdenlacour**
ont un fils. Comment s'appelle-t-il ?

5. Monsieur et Madame **Méhatraversé** ont un fils.
Comment s'appelle-t-il ?

6. Monsieur et Madame **Nainstan** ont un fils.
Comment s'appelle-t-il ?

SOLUTIONS DE LA PAGE 53

1 **Élie Kroipa,**
parce que Elle y croit pas.

2 **Alex Kuzbidon,**
parce que Ah, l'excuse bidon !

3 **Oussama Lairbonssa,**
parce que Ouh, ça m'a l'air bon ça.

4 **Igor Ltracteurdenlacour,**
parce que Il gare le tracteur dans la cour.

5 **Edmée Méhatraversé,**
parce que Aide Mémé à traverser.

6 **Justin Nainstan,**
parce que Juste un instant.

1 Monsieur et Madame **Nanlespieds** ont un fils. Comment s'appelle-t-il ?

2 **Monsieur et Madame Noir ont un fils. Comment s'appelle-t-il ?**

3 Monsieur et Madame **Nomdelaliste** ont un fils. Comment s'appelle-t-il ?

4 Monsieur et Madame **Peutrovite** ont un fils. Comment s'appelle-t-il ?

5 Monsieur et Madame **Onhalor** ont un fils. Comment s'appelle-t-il ?

6 Monsieur et Madame **Ordemonviolon** ont un fils. Comment s'appelle-t-il ?

SOLUTIONS DE LA PAGE 55

1. **André Nanlespieds,**
   parce que En traînant les pieds.

2. **Tristan Noir,**
   parce que Triste en noir.

3. **Raymond Nomdelaliste,**
   parce que Raye mon nom de la liste.

4. **Saturnin Peutrovite,**
   parce que Ça tourne un peu trop vite.

5. **Hassan Onhalor,**
   parce que Ah, ça non alors !

6. **Jacques Ordemonviolon,**
   parce que J'accorde mon violon.

1 Monsieur et Madame **Ossice-Nimerguez** ont un fils.
Comment s'appelle-t-il ?

2 Monsieur et Madame **Otéalamain** ont un fils.
Comment s'appelle-t-il ?

3 Monsieur et Madame **Golpassaipadrole** ont un fils.
Comment s'appelle-t-il ?

4 **Monsieur et Madame Vencouran ont un fils.
Comment s'appelle-t-il ?**

5 Monsieur et Madame **Pabien** ont un fils.
Comment s'appelle-t-il ?

6 Monsieur et Madame **Palfair** ont un fils.
Comment s'appelle-t-il ?

SOLUTIONS

DE LA PAGE 57

1. **Yanis Ossice-Nimerguez,**
   parce que Y'a ni saucisse, ni merguez.

2. **Cédric Otéalamain,**
   parce que C'est tricoté à la main.

3. **Harry Golpassaipadrole,**
   parce que Ah, rigole pas c'est pas drôle.

4. **Harry Vencouran,**
   parce que Arrive en courant.

5. **Yvon Pabien,**
   parce que Ils vont pas bien.

6. **José Palfair,**
   parce que J'osais pas le faire.

1 **Monsieur et Madame Parre ont un fils.
Comment s'appelle-t-il ?**

2 Monsieur et Madame **Pasiffléletrain** ont un fils.
Comment s'appelle-t-il ?

3 Monsieur et Madame **Patamoto** ont un fils.
Comment s'appelle-t-il ?

4 Monsieur et Madame **Peuplu** ont un fils.
Comment s'appelle-t-il ?

5 Monsieur et Madame **Peupourvoir** ont un fils.
Comment s'appelle-t-il ?

6 Monsieur et Madame **Queutoi** ont un fils.
Comment s'appelle-t-il ?

SOLUTIONS DE LA PAGE 59

1 **Léo Parre,**

parce que Léopard.

2 **Jonathan Pasiffléletrain,**

parce que Je n'entends pas siffler le train.

3 **Adhémar Patamoto,**

parce que Elle démarre pas ta moto.

4 **Jean Peuplu,**

parce que J'en peux plus.

5 **Toussaint Peupourvoir,**

parce que Tousse un peu pour voir.

6 **Jonathan Queutoi,**

parce que Je n'attends que toi.

1 **Monsieur et Madame Vaihataconsol ont un fils. Comment s'appelle-t-il ?**

2 Monsieur et Madame **Radehaidur** ont un fils. Comment s'appelle-t-il ?

3 Monsieur et Madame **Raipaltan** ont un fils. Comment s'appelle-t-il ?

4 Monsieur et Madame **Rible** ont un fils. Comment s'appelle-t-il ?

5 Monsieur et Madame **Rochaumur** ont un fils. Comment s'appelle-t-il ?

6 Monsieur et Madame **Saipavrai** ont un fils. Comment s'appelle-t-il ?

SOLUTIONS DE LA PAGE 61

1 Thierry Vaihataconsol,

parce que T'es rivé à ta console !

2 Sacha Radehaidur,

parce que Sa charade est dure.

3 Jo Raipaltan,

parce que J'aurai pas le temps.

4 Théo Rible,

parce que T'es horrible.

5 Jacques Rochaumur,

parce que J'accroche au mur.

6 Dick Saipavrai,

parce que Dis que c'est pas vrai.

1 Monsieur et Madame **Saipte** ont un fils.
Comment s'appelle-t-il ?

2 Monsieur et Madame Sanfrapé ont un fils.
Comment s'appelle-t-il ?

3 Monsieur et Madame **Saitinsecret** ont un fils.
Comment s'appelle-t-il ?

4 Monsieur et Madame **Sionnaire** ont un fils.
Comment s'appelle-t-il ?

5 Monsieur et Madame **Sitoi** ont un fils.
Comment s'appelle-t-il ?

6 Monsieur et Madame **Skailpeuve** ont un fils.
Comment s'appelle-t-il ?

SOLUTIONS

DE LA PAGE 63

1 **Jacques Saipte,**
parce que J'accepte.

2 **André Sanfrapé,**
parce que Entrez sans frapper.

3 **Judicaël Saitinsecret,**
parce que J'lui dis qu'à elle, c'est un secret !

4 **Dick Sionnaire,**
parce que Dictionnaire.

5 **Teddy Sitoi,**
parce que T'es d'ici, toi ?

6 **Alphonse Skailpeuve,**
parce que Elles font ce qu'elles peuvent.

1 **Monsieur et Madame Slipilsenrhume ont un fils.
Comment s'appelle-t-il ?**

2 Monsieur et Madame **Spéréktuplaisante** ont un fils.
Comment s'appelle-t-il ?

3 Monsieur et Madame **Tanlamer** ont un fils.
Comment s'appelle-t-il ?

4 Monsieur et Madame **Tedbou** ont un fils.
Comment s'appelle-t-il ?

5 Monsieur et Madame **Tefarci** ont un fils.
Comment s'appelle-t-il ?

6 Monsieur et Madame **Teuki** ont un fils.
Comment s'appelle-t-il ?

SOLUTIONS DE LA PAGE 65

1 Samson Slipilsenrhume,
parce que Sans son slip, il s'enrhume.

2 José Spéréktuplaisante,
parce que J'ose espérer
que tu plaisantes.

3 Jean Tanlamer,
parce que J'entends la mer.

4 Sanchez Tedbou,
parce que Sans chaise, t'es debout.

5 Thomas Tefarci,
parce que Tomate farcie.

6 Jimmy Teuki,
parce que J'imite qui ?

1. Monsieur et Madame **Tillespourlatarte** ont un fils.
Comment s'appelle-t-il ?

2. Monsieur et Madame **Tim** ont un fils.
Comment s'appelle-t-il ?

3. Monsieur et Madame **Toirdaigrande** ont un fils.
Comment s'appelle-t-il ?

4. Monsieur et Madame **Toketchup** ont un fils.
Comment s'appelle-t-il ?

5. Monsieur et Madame **Tonglété** ont un fils.
Comment s'appelle-t-il ?

6. **Monsieur et Madame Touille ont un fils.
Comment s'appelle-t-il ?**

SOLUTIONS

DE LA PAGE 67

1 Vladimir Tillespourlatarte,

parce que Voilà des myrtilles pour la tarte.

2 Vincent Tim,

parce que 20 centimes.

3 Théodore Toirdaigrande,

parce que T'es au dortoir des grandes ?

4 Thomas Toketchup,

parce que Tomato Ketchup.

5 Amédée Tonglété,

parce que Elle met des tongs l'été.

6 Sacha Touille,

parce que Ça chatouille.

1. Monsieur et Madame **Toulmonde** ont un fils. Comment s'appelle-t-il ?

2. Monsieur et Madame **Toutanplace** ont un fils. Comment s'appelle-t-il ?

3. **Monsieur et Madame Tredepartout ont un fils. Comment s'appelle-t-il ?**

4. Monsieur et Madame **Vojambon** ont un fils. Comment s'appelle-t-il ?

5. Monsieur et Madame **Voujailamigraine** ont un fils. Comment s'appelle-t-il ?

6. Monsieur et Madame **Tain-ai-lamilouaipaloin** ont un fils. Comment s'appelle-t-il ?

SOLUTIONS DE LA PAGE 69

1. **Pacôme Toulmonde,**
   parce que Pas comme tout le monde.

2. **Jérémy Toutanplace,**
   parce que J'ai remis tout en place.

3. **Laurent Tredepartout,**
   parce que L'eau rentre de partout.

4. **Andy Vojambon,**
   parce que Endive au jambon.

5. **Thésée Voujailamigraine,**
   parce que Taisez-vous j'ai la migraine.

6. **Quentin Tain-ai-lamilouaipaloin,**
   parce que Quand Tintin est là,
   Milou est pas loin.

MONSIEUR ET MADAME...

...ONT PLUSIEURS ENFANTS !

1. Monsieur et Madame **Amar** ont cinq enfants. Comment s'appellent-ils ?

2. Monsieur et Madame **Vlaltonnerre** ont deux filles. Comment s'appellent-elles ?

3. Monsieur et Madame **Voiturdokasion** ont deux fils. Comment s'appellent-ils ?

4. **Monsieur et Madame Rysafaitdubruit ont deux enfants. Comment s'appellent-ils ?**

5. Monsieur et Madame **Stressoussonli** ont deux enfants. Comment s'appellent-ils ?

6. Monsieur et Madame **Toulézété** ont quatre enfants. Comment s'appellent-ils ?

SOLUTIONS

DE LA PAGE 73

1. **Ella, Pacôme, Ancel, Hélène, Nadège Amar,**
parce que Elle a pas commencé,
elle en a déjà marre.

2. **Odile et Claire Vlaltonnerre,**
parce que Oh, dis l'éclair,
v'la le tonnerre !

3. **Ivan, Dédé Voiturdokasion,**
parce que Il vendait des voitures
d'occasion.

4. **Quentin, Anne Rysafaitdubruit,**
parce que Quand un âne rit,
ça fait du bruit.

5. **Ella, Simon Stressoussonli,**
parce que Elle a 6 monstres sous son lit.

6. **Yvon, Aude, Anne, Marc Toulézété,**
parce que Ils vont au Danemark
tous les étés.

1 **Monsieur et Madame Oukoi ont deux fils. Comment s'appellent-ils ?**

2 Monsieur et Madame **Lo** ont deux filles. Comment s'appellent-elles ?

3 Monsieur et Madame **Marfoldire** ont deux enfants. Comment s'appellent-ils ?

4 Monsieur et Madame **Mieux** ont deux fils. Comment s'appellent-ils ?

5 Monsieur et Madame **Nain** ont trois filles. Comment s'appellent-elles ?

6 Monsieur et Madame **Pachaire** ont trois fils. Comment s'appellent-ils ?

SOLUTIONS

DE LA PAGE 75

1 **Ted et Bill Oukoi,**
parce que T'es débile ou quoi ?

2 **Ella, Samantha Lo,**
parce que Elle a sa menthe à l'eau.

3 **Quentin, Anne Marfoldire,**
parce que Quand t'en as marre, faut le dire.

4 **Jeff, Edmond Mieux,**
parce que J'ai fais de mon mieux.

5 **Blanche, Neige et Lucette Nain,**
parce que Blanche-Neige et les 7 nains.

6 **Yvan, Sam, Otto Pachaire,**
parce que Il vend sa moto pas cher.

1 Monsieur et Madame **Patailement** ont deux enfants. Comment s'appellent-ils ?

2 Monsieur et Madame **Lfrigo** ont cinq garçons. Comment s'appellent-ils ?

3 **Monsieur et Madame Peulaf-naitre ont trois enfants. Comment s'appellent-ils ?**

4 Monsieur et Madame **Peutaipate** ont deux enfants. Comment s'appellent-ils ?

5 Monsieur et Madame **Pourlinstant** ont deux enfants. Comment s'appellent-ils ?

SOLUTIONS

DE LA PAGE 77

1 Sam et Thérèse Patailement,
parce que Ça m'intéresse pas tellement.

2 Steve, Eudes, Hubert, Yann, Adam Lfrigo,
parce que Si tu veux du beurre,
il y en a dans le frigo.

3 Geoffroy, Angèle, Firmin Peulaf-naitre,
parce que J'ai froid, on gèle,
ferme un peu la fenêtre.

4 Elle, Colin Peutaipate,
parce que Elles collent un peu tes pâtes.

5 Sam, Sophie Pourlinstant,
parce que Ça me suffit pour l'instant.

MONSIEUR ET MADAME... À L'ENVERS !

1. Monsieur et Madame **Aibinzuta** ont une fille.
Comment s'appelle-t-elle ?

2. Monsieur et Madame **Arrete** ont une fille.
Comment s'appelle-t-elle ?

3. Monsieur et Madame **Belande** ont un fils.
Comment s'appelle-t-il ?

4. Monsieur et Madame **Boitam** ont une fille.
Comment s'appelle-t-elle ?

5. **Monsieur et Madame Bonnaide ont une fille.
Comment s'appelle-t-elle ?**

6. Monsieur et Madame **Morve** ont un fils.
Comment s'appelle-t-il ?

SOLUTIONS DE LA PAGE 81

1. **Laure Aibinzuta,**
   parce que Eh ben zut, alors !

2. **Dorothé Arrete,**
   parce que Arrête de roter.

3. **Yves Belande,**
   parce que Belle endive.

4. **Alice Boitam,**
   parce que Boîte à malice.

5. **Anne Bonnaide,**
   parce que Bonnet d'âne.

6. **Yvan Morve,**
   parce que Mort vivant.

1 Monsieur et Madame **Bowie** ont un fils.
Comment s'appelle-t-il ?

2 Monsieur et Madame **Choupovert** ont un fils.
Comment s'appelle-t-il ?

3 **Monsieur et Madame Croque ont une fille.**
Comment s'appelle-t-elle ?

4 Monsieur et Madame **Greux** ont une fille.
Comment s'appelle-t-elle ?

5 Monsieur et Madame **Huilda** ont un fils.
Comment s'appelle-t-il ?

6 Monsieur et Madame **Jémal-Alèsse** ont un fils.
Comment s'appelle-t-il ?

SOLUTIONS DE LA PAGE 83

1. **Ken Bowie,**
parce que Bon week-end.

2. **Michel Choupovert,**
parce que Soupe au vermicelle.

3. **Odile Croque,**
parce que Crocodile.

4. **Nadine Greux,**
parce que Grenadine.

5. **Rachid Huilda,**
parce que Huile d'arachide.

6. **Thomas Jémal-Alèsse,**
parce que J'ai mal à l'estomac.

1. Monsieur et Madame **Morth** ont une fille.
Comment s'appelle-t-elle ?

2. Monsieur et Madame **Serre** ont un fils.
Comment s'appelle-t-il ?

3. Monsieur et Madame **Raive** ont un fils.
Comment s'appelle-t-il ?

4. Monsieur et Madame **Tuvamène** ont un fils.
Comment s'appelle-t-il ?

5. **Monsieur et Madame Tuvarazétate ont un fils.
Comment s'appelle-t-il ?**

SOLUTIONS

DE LA PAGE 85

1. **Adèle Morth,**

parce que Mortadelle.

2. **Pierre Serre,**

parce que Serpillière.

3. **Herbert Raive,**

parce que Réverbère.

4. **Hervé Tuvamène,**

parce que Tu vas m'énerver.

5. **Ignace Tuvarazétate,**

parce que Tu vas raser ta tignasse.

INDEX DES PRÉNOMS

INDEX DES PRÉNOMS

Les prénoms suivis d'un astérisque (*) sont mixtes. Tu peux t'en servir avec M. et Mme ont une fille ou M. et Mme ont un garçon.

100% LOISIRS dans cette collection :

100 % monsieur et madame...
Plus de 200 Monsieur et Madame... pour jongler avec les noms et les prénoms.

100 % tests pour nous, les filles
Sais-tu vraiment qui tu es ? Es-tu jalouse ? Qu'es-tu prête à faire par amour ? Tu le sauras grâce à ces tests ! Un livre à partager... entre copines !

100 % humour, pour rigoler à la récré
C'est l'heure de la récré, à toi de jouer ! Épate tes copains avec toutes ces blagues, devinettes, charades, combles et Monsieur et Madame : fous rires garantis !

100 % mots croisés
Tu as ton crayon ? Tu es concentré ? Regarde les dessins et les définitions, à toi de jouer ! Pour t'amuser seul, où tu veux, quand tu veux !

100 % jeux pour s'amuser en voiture
Tu ne t'ennuieras plus jamais en voiture ! Avec tous ces jeux, ces chansons, ces anecdotes, ces tests et cette histoire dont tu seras le héros... Alors, quand est-ce qu'on part ?

100 % questions pour les petits champions
Mais qui sera le champion ? Teste tes connaissances avec ces QCM, ces devinettes, ces Qui suis-je ? et ces Vrai-Faux. Pour t'amuser seul, ou tester ta famille, tes copains...

100 % blagues de toto

Avec Toto, le super comique et ses blagues supersoniques, fais faire de la gymnastique à tes zygomatiques ! Fous rires assurés dans la cour de récré !

100 % numéros magiques

Tu veux mieux te connaître ? Avec une date de naissance, un prénom et un nom, tu vas tout découvrir sur toi... et les autres... Succès assuré !

100 % c'est toi l'espion !

Tu veux devenir un Super Agent Secret ? C'est possible ! Chiffres en tous sens, lettres camouflées, symboles étranges : les messages les plus fous n'auront plus de secret pour toi !

100 % tours de magie !

Comment devenir un magicien hors pair ? Toutes les ficelles pour réaliser des tours spectaculaires et de précieux conseils pour préparer ton spectacle de magie.

100 % questions pour toute la famille

Des QLM, des devinettes, des qui suis-je... pour tester les connaissances de tes parents et les tiennes ! Art, sport, nature... Sept familles mettent tout en œuvre pour vous éprouver dans tous les domaines ! Émotions garanties !

100 % mode

Des astuces, des conseils coiffure et maquillage, des créations de vêtements, bijoux et accessoires, des tests, des jeux. Tout sur la mode pour composer le look de tes rêves !

Lito
41, rue de Verdun 94500 Champigny-sur-Marne
Imprimé en CEE
Loi n° 49-956 du 16 juillet 1949 sur les publications destinées à la jeunesse
Dépôt légal : mai 2005